# ¿Eres un ab...

por Sam Williams

**Consultors de contenido:**
Melissa Z. Pierce, L.C.S.W.

Rourke
Educational Media
rourkeeducationalmedia.com

www.rourkeeducationalmedia.com

Dedicated- To my parents and sisters –Sam

Melissa Z. Pierce is a licensed clinical social worker with a background in counseling in the home and school group settings. Melissa is currently a life coach. She brings her experience as a L.C.S.W. and parent to the *LIttle World Social Skills* collection and the *Social Skills and More* program.

PHOTO CREDITS: Cover: © Christopher Futcher; Page 3: © Steven Robertson; Page 5: © Craig Dingle; Page 7: © Mark Bowden; Page 9: © Ana Abejon; Page 11, 13: © monkeybusinessimages; Page 15: © Thomas Gordon; Page 17: © Karen Struthers; Page 19: © Chris Schmidt; Page 21: © IdeaBug Media

Illustrations by: Anita DuFalla
Edited by: Precious McKenzie
Cover and Interior designed by: Tara Raymo
Translation by Dr. Arnhilda Badía

Williams, Sam
¿Eres un abusador? / Sam Williams
ISBN 978-1-62717-375-9 (soft cover - Spanish)
ISBN 978-1-62717-559-3 (e-Book - Spanish)
ISBN 978-1-61810-134-1 (hard cover - English)(alk. paper)
ISBN 978-1-61810-267-6 (soft cover - English)
ISBN 978-1-61810-393-2 (e-Book - English)

**Also Available as:**

ROURKE'S e-Books

Rourke Educational Media
Printed in the United States of America,
North Mankato, Minnesota

Rourke
Educational Media

rourkeeducationalmedia.com
customerservice@rourkeeducationalmedia.com • PO Box 643328 Vero Beach, Florida 32964

Los abusadores utilizan
palabras o acciones para
intimidar a las personas.

Algunos abusadores usan apodos que ofenden a los niños.

¿Cómo te sentirías si te dijeran apodos?

A todos nos gusta estar **incluidos** en **grupos.**

Algunos abusadores dejan a niños fuera de un grupo.

¿Qué puedes hacer tú para lograr que alguien forme parte de un grupo?

9

Algunos abusadores **amenazan** con golpear a otros niños.

La mayoría de los niños **teme** de los abusadores.

Algunos abusadores le roban el almuerzo a otro niño.

Algunos abusadores les quitan los crayones a otro niño sin pedírselos.

¿A quién se lo debería decir ella?

Si estás siendo **intimidado**, díselo a un **adulto**.

# ¿Qué harías...

si un compañero de clase usa apodos contigo todos los días?

si viste a alguien siendo intimidado?

Si alguien en la escuela nunca te deja jugar con el resto de tus compañeros de clase?

# Glosario ilustrado

**adulto:**
Se llama adulto a una persona
completamente desarrollada.

**amenaza:**
Cuando alguien te dice que te
hará daño.

**asustado:**
Cuando te sientes atemorizado o
con miedo.

**grupo:**
Personas o cosas que forman un conjunto.

**incluido:**
Cuando a alguien le está permitido ser parte de algo.

**intimidado:**
Ser atemorizado o acosado por otra persona.

# Índice

## Páginas Web

www.kidsource.com

www.mrsp.com

www.speakaboos.com

## Acerca del autor

Sam Williams vive en la Florida con sus dos perros, Abby y Cooper. Abby algunas veces abusa de Cooper. Cooper ladra fuertemente para hacerle frente a Abby cuando actúa con crueldad.

**Ask The Author!**
www.rem4students.com